Heute
IST
SCHNECKEN-
Tag

Inhalt

ONLINE-VIDEOS

Die Videos zu diesem Buch stehen in Ihrer Digitalen Bibliothek unter **www.topp-kreativ.de/digibib** nach erfolgter Registrierung zum Anschauen bereit. Den Code zum Freischalten finden Sie im Impressum.

Dieses Symbol zeigt Ihnen, wo ein Video zur Verfügung steht.

Unsere Freunde, die Schnecken

Seit Jahrhunderten fristen Schnecken aus der Perspektive des Menschen ein eher tristes Dasein. Sie gelten als klein, klebrig und vor allem eins: langsam. Schnecken werden in Bierfallen ertränkt, und ihr Name muss für diskriminierende Geschwindigkeitsvergleiche herhalten. Nicht zuletzt gefühlte einhundert Jahre Werbung für Lakritzschnecken haben die gemütliche Tierart in eine tiefe und anhaltende Imagekrise gestürzt.

Wir bei ***Zeit für Brot*** finden das traurig, denn wir können dem Standpunkt von Schnecken durchaus etwas abgewinnen: Gute Dinge brauchen eben ihre Zeit. Das haben die Schnecken verstanden. Und wir auch. Um unseren Freunden im Geiste zu einem besseren Ruf zu verhelfen, haben wir einige neue Schneckensorten erfunden, die den Menschen besser gefallen: Schokoschnecken, Rhabarber-Zimt-Schnecken, Streuselschnecken mit Pudding-Cranberry-Füllung, Mohnschecken, Schnecken mit Champagner- oder Erdbeer-Basilikum-Creme und sogar pikante Schnecken mit Bolognese-, Burger- oder Kürbis-Curry-Füllung.

Beim Nachbacken unserer leckeren Schnecken werden Sie merken, dass Teig einfach seine Zeit braucht, um gut zu werden, und oft am besten schon am Vortag vorbereitet wird. Also bringen Sie ihr Verhältnis zu dieser benachteiligten Spezies beim Backen auf Vordermann. Und wenn Sie dann mal die eine oder andere im Garten oder beim Spaziergehen antreffen, denken Sie an das schöne Erlebnis und machen Sie der kleinen Schnecke einfach einmal ein Kompliment.

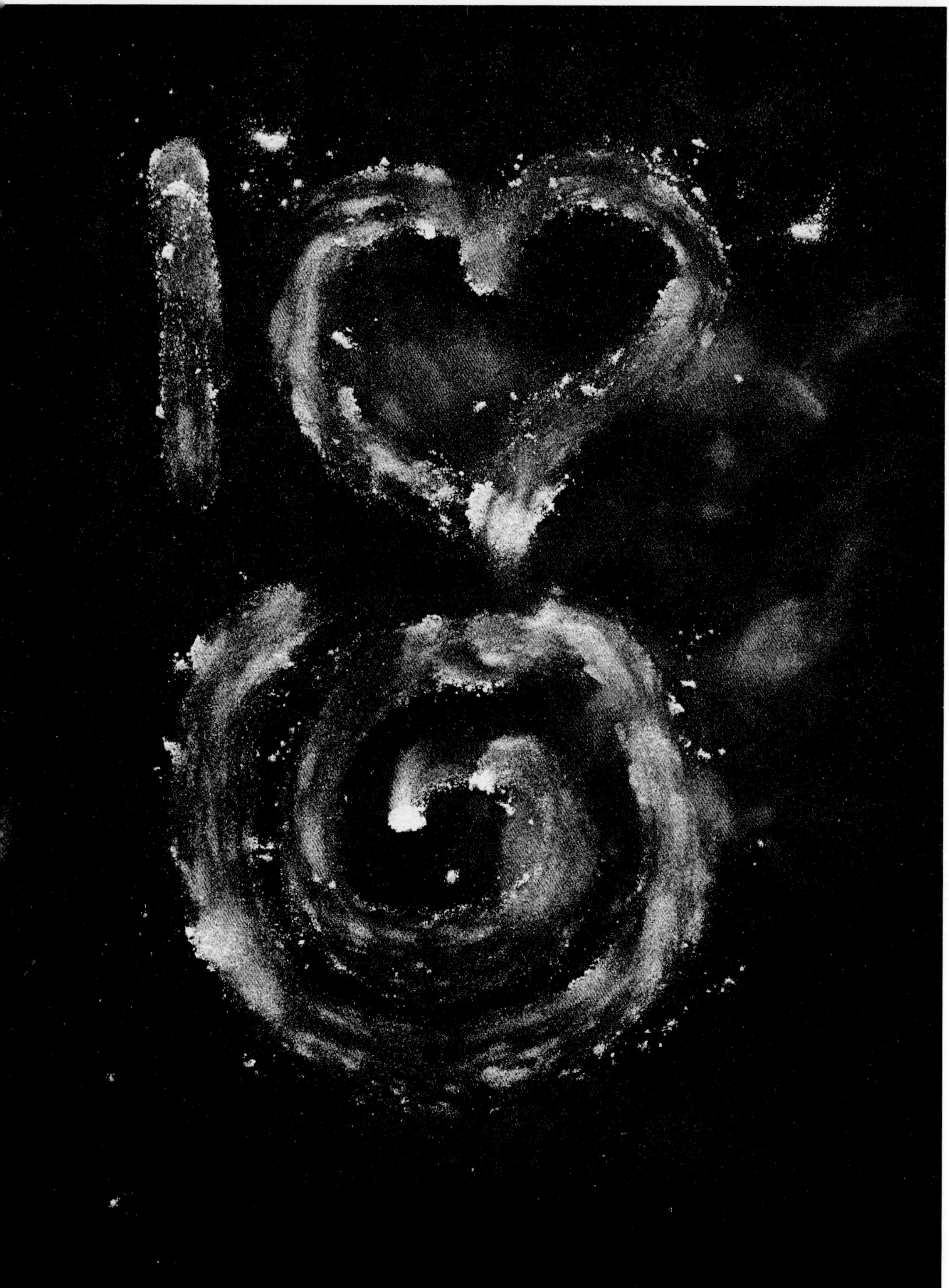

Grundlagen

Allgemeine Backtipps

Für ein gelungenes Backergebnis empfehlen wir, neben der richtigen Zubereitung auf die Qualität zu achten. Wir bei ***Zeit für Brot*** nutzen Bioland-zertifizierte Zutaten. Bio-Zutaten zeichnen sich durch einen natürlichen Geschmack aus und Verbraucher können sicher sein, dass weder Pestizide noch Gentechnik verwendet werden. Überprüfen Sie am besten, bevor Sie mit dem Backen anfangen, ob Sie alle notwendigen Zutaten zu Hause und genügend Zeit zum Backen eingeplant haben – Teige brauchen eine gewisse Ruhezeit. Deswegen ist es oft sinnvoll, den Teig bereits am Vortag zuzubereiten.

Heizen Sie den Backofen vor und backen Sie die Schnecken bei Ober-/Unterhitze. Umluft kann die Oberflächenstruktur der Schnecken zerstören, wenn sie beispielsweise mit Ei bestrichen sind. So würden sie nach dem Backen matt aussehen. Das Vorheizen des Backofens ist wichtig und nötig, damit die Schnecken bei einer möglichst gleichmäßigen Temperatur durchgaren können und nicht austrocknen. Dabei hängt die Backzeit von der Art des Teiges, der Größe der Backform, der Teigmenge und dem Backofen ab.

In diesem Backbuch verwenden wir kleine Muffinformen mit 12 Mulden (ø 6,5 cm), Maxi-Muffinformen mit 6 Mulden (ø 9 cm), runde Springformen (ø 20 cm oder 26–28 cm) und Backbleche (30 x 40 cm). Falls Sie gerade eine Form nicht zur Hand haben, können Sie auch eine andere verwenden, sollten dann jedoch die Backzeit entsprechend anpassen. Prinzipiell wird die einfache Teigmenge verwendet. Nur bei großen Springformen nutzen wir die doppelte Teigmenge.

In einigen Backöfen verteilt sich die Wärme ungleichmäßig. Aus diesem Grund sollten Sie das Backblech oder die Backform nach der Hälfte der Backzeit drehen, sodass die Schnecken, die zuerst hinten im Ofen waren, danach vorne liegen. So können die Schnecken schön gleichmäßig durchgaren. Auch für die Biskuit-Teige sehr wichtig! Auch die Temperatur von Backöfen ist nicht immer exakt. Daher sollten Sie den Garprozess der Schnecken beobachten und die Backzeit wenn nötig etwas verkürzen oder verlängern.

Doch wie erkennen Sie, dass die Schnecken durchgebacken sind? Unsere Bäcker bei ***Zeit für Brot*** haben natürlich ein geübtes Auge und sehen schon anhand der goldgelben Farbe und der Oberfläche, dass die Schnecken gar sind. Zu Hause können Sie für die Garprobe ein Holzstäbchen zu Hilfe nehmen. Stechen Sie damit in den Teig hinein. Bleibt kein Teig mehr daran hängen, ist die Schnecke gar. Aber aufgepasst! Pieksen Sie dabei nicht in die Füllung. Diese sollte auch nach dem Backen noch weich sein.

Hefeteige

Wir bei ***Zeit für Brot*** wissen: Ein guter Hefeteig braucht Zeit. Wenn mit wenig Hefe gearbeitet wird, wie bei uns, benötigt der Teig eine längere Gärzeit, um sein volles Aroma und seine Geschmacksstoffe zu entwickeln. Dies ist bei einer kurzen Gärzeit nicht der Fall.
Um einen homogenen Teig zu erhalten und den Knetvorgang zu begünstigen, sollten alle Zutaten Raumtemperatur haben. In der Regel arbeiten wir mit weichen Teigen. Diese erfordern zwar etwas Geschick, Erfahrung und Geduld bei der Verarbeitung, sind aber eines der Geheimnisse für eine saftige und luftige Hefeschnecke. Aus diesem Grund ist es wichtig, nicht zu viel Mehl zum Teig zu geben.
Auch auf die richtige Backtemperatur kommt es an. Ist sie zu Beginn des Backens zu hoch, brennt die Oberfläche des Gebäcks schnell an, während das Innere noch nicht gar ist. Deshalb empfehlen wir, Hefeteige bei einer „niedrigen" Temperatur von 180–200 °C (Ober-/Unterhitze) zu backen. So erhalten Sie das beste Backergebnis.

Deftiger Hefeteig

Zutaten

250 g Weizenmehl (Type 550)
15 g Zucker
15 g frische Hefe
1 Ei (Größe M)
40 g Butter
5 g Salz
120 ml Milch

Für den Teig Mehl auf einer Arbeitsfläche aufschütten und in die Mitte eine Vertiefung drücken.

Zucker, zerkleinerte Hefe, Ei, gestückelte Butter und Salz in die Vertiefung geben …

… und mit der Hand zu einem Teig verkneten. Dabei nach und nach Milch dazugeben, bis ein weicher, homogener Teig entsteht. Das dauert 8–10 Minuten.

Alternativ alles in einer Rührschüssel mit den Knethaken des Handrührgeräts kneten. Dazu die Zutaten ca. 2 Minuten auf langsamer Stufe mischen und anschließend im Schnellgang 7–10 Minuten intensiv kneten, bis sich ein homogener Teig bildet, der sich beim Kneten vom Rand der Rührschüssel ablöst.

Die richtige Knetmethode ist wichtig. Auf diese Weise bildet sich ein stabiles „Klebergerüst", das das Gärgas der Hefe im Teig hält und diesen aufgehen lässt.

Den Hefeteig rund formen, leicht platt drücken und abgedeckt 4–12 Stunden in den Kühlschrank legen.

Süßer Hefeteig

Zutaten
250 g Weizenmehl (Type 550)
30 g Zucker
15 g frische Hefe
1 Ei (Größe M)
40 g Butter
5 g Salz
120 ml Milch

Für den Teig Mehl auf einer Arbeitsfläche aufschütten und in die Mitte eine Vertiefung drücken.

Zucker, zerkleinerte Hefe, Ei, gestückelte Butter und Salz in die Vertiefung geben …

… und mit der Hand zu einem Teig verkneten. Dabei nach und nach Milch dazugeben, bis ein weicher, homogener Teig entsteht. Das dauert 8–10 Minuten.

Alternativ alles in einer Rührschüssel mit den Knethaken des Handrührgeräts kneten. Dazu die Zutaten ca. 2 Minuten auf langsamer Stufe mischen und anschließend im Schnellgang 7–10 Minuten intensiv kneten, bis sich ein homogener Teig bildet, der sich beim Kneten vom Rand der Rührschüssel ablöst.

Die richtige Knetmethode ist wichtig. Auf diese Weise bildet sich ein stabiles „Klebergerüst", das das Gärgas der Hefe im Teig hält und diesen aufgehen lässt.

Den Hefeteig rund formen, leicht platt drücken und abgedeckt 4–12 Stunden in den Kühlschrank legen.

Biskuit

Um ein luftiges Ergebnis zu erzielen, ist es bei der Biskuitzubereitung wichtig, das Eiweiß gut steif und die Eigelb-Zucker-Masse lange schaumig zu schlagen. Das Eiweiß ist steif, sobald sich beim Herausziehen des Schneebesens feine Spitzen bilden, die „stehen" bleiben. Dann das Eiweiß nicht weiterschlagen, sonst fällt es in sich zusammen.
Außerdem unbedingt die Reihenfolge der Zutaten beim Vermischen einhalten, da sonst das Ei mit dem Mehl verklumpt und kein glatter, lockerer Biskuit entstehen kann.
Um einen gebackenen Biskuit saftig zu halten, können Sie die Biskuitschnecke mit Flüssigkeit wie Sirup, Likör oder Gelee bestreichen.
Im Gegensatz zu anderen Teigen, wie etwa dem Hefeteig, sollte ein Biskuit nicht bei niedriger Backtemperatur gebacken werden. Dann würde er schnell trocken und bei der Weiterverarbeitung zur Schnecke leicht brechen. Wenn Sie Biskuit bei 210–230 °C (Ober-/Unterhitze) backen, erhalten Sie einen elastischen, lockeren Teig und damit das beste Backergebnis.

Klassischer Biskuit

Zutaten

4 Eier (Größe M)
1 Prise Salz
¼ Vanilleschote
55 g Zucker
60 g Weizenmehl (Type 550)

Für den Biskuit zuerst Eier trennen. Eiweiß mit 1 Prise Salz in eine Rührschüssel geben und mit den Schneebesen des Handrührgeräts steif schlagen, bis sich feine Spitzen bilden.

Die Vanilleschote längs einschneiden und das Mark herauskratzen. Danach Eigelb mit Zucker und Vanillemark in eine große Rührschüssel geben und mit den Schneebesen des Handrührgeräts schaumig aufschlagen. Die Eiweißmasse nach und nach vorsichtig unter die Eigelbmasse heben.

Mehl nach und nach auf die Eimasse sieben und vorsichtig mit einem Kochlöffel vermengen.

Die vorbereitete Biskuitmasse auf ein mit Backpapier belegtes Backblech streichen, sodass eine möglichst glatte Oberfläche entsteht. Den Biskuit im vorgeheizten Backofen auf mittlerer Schiene bei 210–230 °C (Ober-/Unterhitze) 2–5 Minuten backen, bis der Teig eine schöne goldgelbe Farbe hat.

Schoko-Biskuit

Zutaten

4 Eier (Größe M)

1 Prise Salz

¼ Vanilleschote

55 g Zucker

55 g Weizenmehl (Type 550)

10 g Kakaopulver

Für den Teig zuerst Eier trennen. Eiweiß mit 1 Prise Salz in eine Rührschüssel geben und mit den Schneebesen des Handrührgeräts steif schlagen, bis sich feine Spitzen bilden.

Die Vanilleschote längs einschneiden und das Mark herauskratzen. Danach Eigelb mit Zucker und Vanillemark in eine große Rührschüssel geben und mit den Schneebesen des Handrührgeräts schaumig aufschlagen. Die Eiweißmasse nach und nach vorsichtig unter die Eigelbmasse heben.

Mehl mit Kakao mischen, nach und nach auf die Eimasse sieben und vorsichtig mit einem Kochlöffel vermengen.

Die vorbereitete Biskuitmasse auf ein mit Backpapier belegtes Backblech streichen, sodass eine möglichst glatte Oberfläche entsteht. Den Biskuit im vorgeheizten Backofen auf mittlerer Schiene bei 210–230 °C (Ober-/Unterhitze) 2–5 Minuten backen, bis der Teig eine leichte Bräunung aufweist.

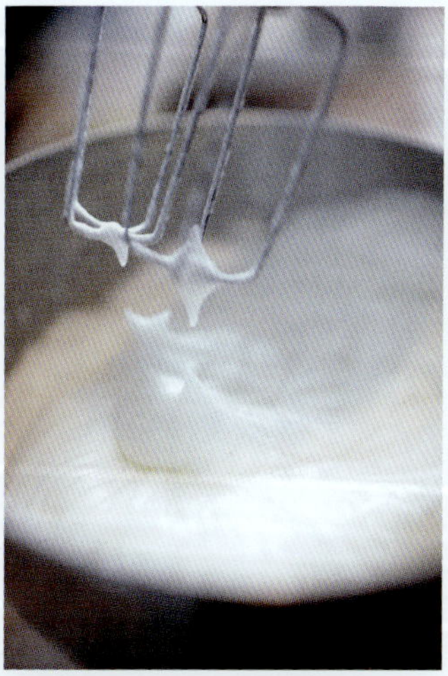

Focaccia-Teige

Für einen gelungenen Focaccia-Teig ist ein gutes „Klebergerüst" von elementarer Bedeutung. Dafür sollten alle Zutaten ausgiebig so lange verknetet werden, bis ein weicher und homogener Teig entsteht. Ein stabiles „Klebergerüst" hält das Gärgas, das die Hefe bildet, im Teig und lässt ihn aufgehen.
Bei einem Focaccia-Teig mit Auszugsmehl, also nicht mit Vollkornmehl, arbeiten wir bei ***Zeit für Brot*** mit wenig Hefe und einer langen Teigruhe. Auf diese Weise können sich die Aromen und Geschmacksstoffe am besten entfalten. Während der Teigruhe verquillt die Stärke im Mehl und bindet sich mit dem hinzugefügten Wasser. So gelingen saftige Schnecken.
Vollkornmehle enthalten weniger Klebereiweiß als Auszugsmehle. Deshalb kommt es bei einem Vollkorn-Focaccia-Teig darauf an, dass er nach dem intensiven Kneten nur kurz – ca. 10 Minuten – ruht und dann schnell weiterverarbeitet wird. Was nicht bedeutet, dass wir diesem Teig vor dem Backen keine Ruhe zum Aufgehen gönnen.
Da Focaccia-Teige wenig Zucker und Fett enthalten, empfehlen wir eine hohe Backtemperatur von 220–230 °C (Ober-/Unterhitze). So backt der Teig schnell durch und bekommt eine schöne farbige Oberfläche.

Dinkel-Focaccia-Teig

Zutaten

250 g Dinkelmehl (Type 630)

50 g Grieß

15 g frische Hefe

5 g Salz

160 ml Wasser

30 ml Olivenöl

Für den Teig Mehl und Grieß auf einer Arbeitsfläche aufschütten und in die Mitte eine Vertiefung drücken.

Zerkleinerte Hefe und Salz in die Vertiefung geben und mit der Hand zu einem Teig verkneten.

Dabei nach und nach Wasser und Olivenöl dazugeben, bis ein weicher, homogener Teig entsteht. Das dauert 8–10 Minuten. Alternativ alles in einer Rührschüssel mit den Knethaken des Handrührgeräts kneten. Dazu die Zutaten ca. 2 Minuten auf langsamer Stufe mischen und danach im Schnellgang 7–10 Minuten intensiv kneten, bis sich ein homogener Teig bildet, der sich beim Kneten vom Rand der Rührschüssel ablöst.
Die richtige Knetmethode ist wichtig. Auf diese Weise bildet sich ein stabiles „Klebergerüst", das das Gas, das die Hefe erzeugt, im Teig hält und ihn aufgehen lässt.
Den Teig 1–2 Stunden im Kühlschrank ruhen lassen.

Vollkorn-Dinkel-Focaccia-Teig

Zutaten

250 g Dinkelvollkornmehl

50 g Grieß

15 g frische Hefe

5 g Salz

170 ml Wasser

30 ml Olivenöl

Für den Teig Mehl und Grieß auf einer Arbeitsfläche aufschütten und in die Mitte eine Vertiefung drücken.

Zerkleinerte Hefe und Salz in die Vertiefung geben und mit der Hand zu einem Teig verkneten.

Dabei nach und nach Wasser und Olivenöl dazugeben, bis ein weicher, homogener Teig entsteht. Das dauert 8–10 Minuten. Alternativ alles in einer Rührschüssel mit den Knethaken des Handrührgeräts kneten. Dazu die Zutaten ca. 2 Minuten auf langsamer Stufe mischen und danach im Schnellgang 7–10 Minuten intensiv kneten, bis sich ein homogener Teig bildet, der sich beim Kneten vom Rand der Rührschüssel ablöst.
Die richtige Knetmethode ist wichtig. Auf diese Weise bildet sich ein stabiles „Klebergerüst", das das Gas, das die Hefe erzeugt, im Teig hält und diesen aufgehen lässt.
Den Teig ca. 10 Minuten ruhen lassen und dann schnell weiterverarbeiten.

Schnecken rollen

Den Teig rund formen, dann längs und quer mit einem scharfen Messer einschneiden …

… und an den Ecken nach außen klappen. Auf diese Weise lässt sich der Teig leichter rechteckig ausrollen.

Den Teig auf einer bemehlten Arbeitsfläche mit einer Teigrolle zu einem Rechteck ausrollen: Für alle Schnecken aus Hefe- und Focaccia-Teig in diesem Buch sollte das Rechteck ca. 30 x 40 cm groß sein. Die Keksteige werden zu einem Rechteck von 30 x 20 cm ausgerollt.

Die Füllung mit einem Schaber oder einer Palette vorsichtig auf dem ausgerollten Teig verstreichen.

Bei Bedarf Schokolade oder kleine Obststückchen auf der Füllung verteilen.

Den Teig mit etwas Spannung zu einem Strang aufwickeln. Die nötige Spannung erhält man am besten, indem der Teig von hinten nach vorne aufgewickelt wird. Ausnahme:Ieksteige brechen leichter als Hefe-, Focaccia- oder Biskuitteige und sollten daher sehr vorsichtig und ohne Spannung aufgewickelt werden.

Danach den Teig je nach Größe der Schnecken in 6, 8 oder 12 Teile teilen. Dafür zuerst den Teigstrang halbieren, die Hälfte nochmals halbieren oder dritteln und anschließend noch einmal halbieren.

Die Schnecken in die angegebene Form oder auf ein mit Backpapier belegtes Backblech setzen und abgedeckt 30–60 Minuten an einem warmen Ort gehen lassen.

Bevor die Schnecken gebacken werden, eine Druckprobe machen. Dabei erkennt man, ob der Teig reif genug ist. Drückt man mit einem Finger leicht hinein, sollte der Teig an dieser Stelle leicht wieder zurück in seine Ursprungsform gehen.

Frühlingsschnecken

Rhabarber-Zimt-Schnecken

Info 8 Stücke ❋ 1 Springform (rund, ø 20 cm) ❋ 20–25 Minuten ❋ 180–200 °C

Teig
1 Portion süßer Hefeteig

Füllung
25 g Zuckerrübensirup
100 g Butter
120 g Zucker
20 g Stärke (präferiert: Weizen)
5 g gem. Zimt
ca. 100 g Rhabarber

Glasur
¼ Vanilleschote
10 ml Milch
1 Msp. gem. Zimt
30 g Puderzucker

Tipp

Wer mag, kann den Rhabarber je nach Saison und Geschmack durch Zwetschgen, Äpfel oder anderes Obst ersetzen.

Für die Füllung Zuckerrübensirup, Butter, Zucker, Stärke und Zimt in eine Rührschüssel geben, mit den Schneebesen des Handrührgeräts zu einer glatten Masse verrühren und beiseitestellen. Den Rhabarber nach Belieben abziehen. Die Stangen abspülen, abtropfen lassen, die Stielenden und Blattansätze entfernen. Die Stangen klein schneiden.

Den Hefeteig (siehe Grundanleitung „Süßer Hefeteig", S. 11) auf einer bemehlten Arbeitsfläche zu einem Rechteck (30 x 40 cm) ausrollen. Die Zimtmasse mit einem Schaber oder einer Palette vorsichtig auf dem Rechteck verstreichen und den klein geschnittenen Rhabarber darauf verteilen.

Den Teig von der langen Seite her mit ein wenig Spannung zu einem Teigstrang aufwickeln. Die Teigrolle mit einem scharfen Messer in 7 gleich dicke Scheiben schneiden. Die Teigschnecken mit den Wicklungen nach oben in die gefettete Springform legen und abgedeckt 30–60 Minuten an einem warmen Ort gehen lassen, bis sie reif sind.

Um zu prüfen, ob der Hefeteig reif genug ist, eine Druckprobe machen. Dafür mit einem Finger leicht hineindrücken. Geht der Teig an dieser Stelle leicht wieder in seine Ursprungsform zurück, ist er reif. Anschließend die reifen Teigschnecken im vorgeheizten Backofen auf mittlerer Schiene bei 180–200 °C (Ober-/Unterhitze) 20–25 Minuten schön goldbraun backen.

Für die Glasur in der Zwischenzeit die Vanilleschote längs einschneiden und das Mark herauskratzen. Milch, Zimt, Puderzucker und Vanillemark vermischen. Die Schnecken aus dem Backofen nehmen und noch warm mit der Glasur bestreichen. So werden sie noch saftiger und bekommen einen schönen Glanz.

Den Schnecken-Kuchen abkühlen lassen, aus der Form nehmen und auf einem Teller servieren.

„Die besten Zimtschnecken Frankfurts"
Rainer J.

Bunte Faschingsschnecken

Info 12 Schnecken ❋ 1 Muffinform (12 Mulden) ❋ 10–15 Minuten ❋ 180 °C

Teig
1 Portion süßer Hefeteig

Füllung
½ Vanilleschote
250 ml Milch
30 g Zucker
40 g Stärke (präferiert: Weizen)
40 g Cranberrys
2 Eigelb (Größe M)

Deko
40 g Aprikosengelee
bunte Streusel

Tipp

Diese bunten Schnecken eignen sich auch wunderbar für einen Kindergeburtstag.

Für die Füllung die Vanilleschote längs einschneiden und das Mark herauskratzen. Milch, Zucker, Vanillemark und Stärke in einen Topf geben und aufkochen. Cranberrys klein hacken. Den Topf von der Herdplatte nehmen, Eigelb und gehackte Cranberrys in die Masse geben und gut verrühren.

Den Hefeteig (siehe Grundanleitung „Süßer Hefeteig“, S. 11) auf einer bemehlten Arbeitsfläche zu einem Rechteck (30 x 40 cm) ausrollen. Die Vanille-Pudding-Masse mit einem Schaber oder einer Palette auf dem ausgerollten Teig verstreichen.

Den Teig mit ein wenig Spannung von der langen Seite her zu einem dünnen Teigstrang aufwickeln. Die Teigrolle mit einem scharfen Messer in 12 gleich große Scheiben schneiden. Die Teigschnecken in die gefetteten Mulden der Muffinform setzen und abgedeckt 30–60 Minuten an einem warmen Ort gehen lassen, bis sie reif sind.

Um zu prüfen, ob der Hefeteig reif genug ist, eine Druckprobe machen. Dafür mit einem Finger leicht hineindrücken. Geht der Teig an dieser Stelle leicht wieder in seine Ursprungsform zurück, ist er reif.

Die reifen Teigschnecken im vorgeheizten Backofen auf mittlerer Schiene bei 180 °C (Ober-/Unterhitze) 10–15 Minuten schön goldbraun backen, herausnehmen und abkühlen lassen. Anschließend mit einem Teigschaber am Stiel vorsichtig aus der Form lösen und auf einen großen Teller setzen.

Aprikosengelee in einem Topf erwärmen, bis es weich wird. Die Schnecken damit bestreichen und anschließend bunte Streusel darüberstreuen.

„Prompt getestet! SEHR LECKER!"
Alexandra B.

Süße Brotschnecke

für das Osterfrühstück

Info *16 Stücke ❋ 1 Springform (rund, ø 26–28 cm) ❋ 20–25 Minuten ❋ 180–200 °C*

Teig
2 Portionen süßer Hefeteig

Deko
1 Ei (Größe M)
Ostergras
gekochte Eier

Den Hefeteig (siehe Grundanleitung „Süßer Hefeteig", S. 11) in 2 gleich große Stücke teilen. Beide Teighälften jeweils auf einer wenig bemehlten Arbeitsfläche mit etwas Druck der Handballen zu einem dünnen Teigstrang ausrollen. Die Teigstränge mit etwas Abstand nebeneinander auf die Arbeitsplatte legen und oben zusammendrücken.

Eine Souffléeform (ø 5 cm) in die Mitte der gefetteten Springform stellen. Nun die beiden Stränge ineinander verdrehen und den „doppelten" Strang in Schneckenform um die Souffléeform herum in die Springform legen. Die Teigschnecke abgedeckt 30–60 Minuten an einem warmen Ort gehen lassen, bis sie reif ist.

Um zu prüfen, ob der Hefeteig reif genug ist, eine Druckprobe machen. Dafür mit einem Finger leicht hineindrücken. Geht der Teig an dieser Stelle leicht wieder in seine Ursprungsform zurück, ist er reif.

Das Ei verquirlen. Die reife Teigschnecke damit bestreichen und im vorgeheizten Backofen auf mittlerer Schiene bei 180–200 °C (Ober-/Unterhitze) 20–25 Minuten schön goldbraun backen.

Zum Servieren die Schnecke auf einen großen Teller legen und das Loch in der Mitte mit Ostergras und gekochten Eiern füllen.

Tipp

Auf dem Osterfrühstückstisch sieht die Schnecke besonders dekorativ aus. Sie wird wie ein Brot aufgeschnitten und mit süßen oder deftigen Zutaten belegt. Je nach Geschmack kann der Hefeteig mit weniger oder mehr Zucker angesetzt sowie mit Rosinen oder Schokolade verfeinert oder mit Hagelzucker bestreut werden.

Himbeer-Waldmeister-Schnecken

Info	16 Schnecken	1 Backblech	2–5 Minuten	210–230 °C

Teig
1 frisch gebackener klassischer Biskuit

Füllung
200 g Sahne (mind. 32 % Fett)

100 g Himbeeren

25 g frischer Waldmeister

5 Blatt Gelatine

20 g Zucker

Deko
1 EL Zucker

nach Belieben frische Himbeeren und Waldmeister

Sahne und eine Edelstahlschüssel im Kühlschrank kalt stellen. Ein Geschirrtuch auf der Arbeitsfläche ausbreiten und gleichmäßig Zucker für die Deko daraufstreuen. Den frisch gebackenen Biskuit (siehe Grundanleitung „Klassischer Biskuit", S. 12) auf das Geschirrtuch stürzen und mit dem Backpapier darauf auskühlen lassen. Anschließend das Backpapier vorsichtig abziehen.

Für die Füllung Himbeeren verlesen und in einer Rührschüssel mit dem Pürierstab pürieren. Waldmeister abspülen, trocken tupfen und klein hacken. Beides beiseitestellen.

Gelatine 2–3 Minuten in kaltem Wasser einweichen, anschließend leicht ausdrücken und in eine Metallschüssel geben. Gelatine unter Rühren im heißen Wasserbad auflösen.

Sahne in der gekühlten Edelstahlschüssel mit den Schneebesen des Handrührgeräts steif schlagen. Zucker unter die Sahne rühren. 3–4 Esslöffel der Sahne-Zucker-Masse in die flüssige Gelatine geben und unterrühren. Dadurch gleicht sich die Temperatur der Zutaten an. Anschließend restliche Sahne-Zucker-Masse, Himbeerpüree und Waldmeister unter die Gelatine-Sahne-Masse heben.

Die Füllung gleichmäßig auf dem Biskuit verstreichen. Den oberen Rand des Biskuits nicht bestreichen, damit die Füllung nach dem Aufrollen nicht herausquillt. Den Biskuit mit ein wenig Spannung und mithilfe des Geschirrtuchs von der langen Seite her zu einem dünnen Strang aufwickeln und auf eine Servierplatte setzen. Die Biskuitrolle nach Belieben mit frischen Himbeeren und Waldmeister dekorieren und anschließend auf der Servierplatte 30–60 Minuten im Kühlschrank kalt stellen.

Tipp
Wenn Sie keinen frischen Waldmeister haben, können Sie alternativ 15 ml Waldmeister-Sirup in die Füllung geben.

Vegane Schnecken

mit Grüner Soße

Info 6 Schnecken ❋ 1 Maxi-Muffinform (6 Mulden) ❋ 17–22 Minuten ❋ 210–220 °C

Teig

1 Portion Vollkorn-Dinkel-Focaccia-Teig

Füllung

80 g Kartoffeln

Salz

75 g gemischte Kräuter für Grüne Soße (Schnittlauch, Borretsch, Pimpinelle, Kerbel, Sauerampfer, Petersilie, Kresse)

20 ml Olivenöl

10 ml Zitronensaft

250 g Sojajoghurt

Pfeffer

Für die Füllung Kartoffeln schälen und in einem Topf mit Salzwasser gar kochen. Kartoffeln auskühlen lassen, reiben und in eine Rührschüssel geben. Kräuter abspülen, trocken tupfen und klein hacken. Anschließend die Kräuter mit Olivenöl, Zitronensaft und Sojajoghurt zur Kartoffelmasse geben, alles vermengen und mit Salz und Pfeffer abschmecken. Wer es etwas feiner mag, kann die Masse mit einem Pürierstab fein pürieren.

Den Focaccia-Teig (siehe Grundanleitung „Vollkorn-Dinkel-Focaccia-Teig", S. 15) auf einer bemehlten Arbeitsfläche zu einem Rechteck (30 x 40 cm) ausrollen. Die Grüne-Soße-Masse mit einem Schaber oder einer Palette auf dem ausgerollten Teig verstreichen.

Den Teig mit ein wenig Spannung von der kurzen Seite her zu einem dicken Teigstrang aufwickeln. Die Teigrolle mit einem scharfen Messer in 6 gleich große Scheiben schneiden. Die Teigschnecken in die gefetteten Mulden der Muffinform setzen und abgedeckt 30–60 Minuten an einem warmen Ort gehen lassen, bis sie reif sind.

Um zu prüfen, ob der Hefeteig reif genug ist, eine Druckprobe machen. Dafür mit einem Finger leicht hineindrücken. Geht der Teig an dieser Stelle leicht wieder in seine Ursprungsform zurück, ist er reif.

Die reifen Teigschnecken im vorgeheizten Backofen auf mittlerer Schiene bei 210–220 °C (Ober-/Unterhitze) 17–22 Minuten schön goldbraun backen. Die warmen Schnecken aus dem Backofen nehmen und direkt servieren.

Tipp

Sehr lecker schmecken die Teigschnecken auch, wenn Sie sie vor dem Backen mit Käseersatz bestreuen.

Bolognese-Schnecken

Info | 6 Schnecken | 1 Backblech | 17–22 Minuten | 210–220 °C

Teig

1 Portion Dinkel-Focaccia-Teig

Füllung

1 kleine Zwiebel
1 kleine Knoblauchzehe
2 EL Olivenöl
100 g Hackfleisch (Rind)
1 kleine Möhre
250 g gestückelte Tomaten (aus der Dose)
Gewürze (frischer Oregano, Basilikum, Petersilie, Pfeffer, Salz, Paprikapulver, Chilipulver etc.)
10 g Parmesan (im Stück)

Tipp

Die Möhre hilft, die Masse etwas zu binden. Das ist wichtig, damit die Bolognese-Masse nicht zu flüssig ist und später gut eingerollt werden kann. Die Bolognese-Masse muss ganz kalt sein, wenn sie auf den Teig gestrichen wird.

Für die Füllung Zwiebel und Knoblauch abziehen und klein würfeln. Olivenöl in eine Pfanne geben und erhitzen. Zwiebel- und Knoblauchwürfel darin andünsten. Hackfleisch dazugeben und weiter anbraten, bis die Zwiebeln schön braun und das Hackfleisch gar ist.

In der Zwischenzeit Möhre schälen und raspeln. Gestückelte Tomaten und Möhrenraspel in die Pfanne geben und unterrühren. Die Bolognese-Masse mit Gewürzen gut abschmecken und einkochen lassen. Danach von der Herdplatte nehmen und vollständig auskühlen lassen. Parmesan reiben und ebenfalls beiseitestellen.

Den Focaccia-Teig (siehe Grundanleitung „Dinkel-Focaccia-Teig", S. 15) auf einer bemehlten Arbeitsfläche zu einem Rechteck (30 x 40 cm) ausrollen. Die Füllung vorsichtig mit einem Schaber oder einer Palette auf dem ausgerollten Teig verstreichen und den geriebenen Parmesan darüberstreuen.

Den Teig mit ein wenig Spannung von der kurzen Seite her zu einem dicken Teigstrang aufwickeln. Die Teigrolle mit einem scharfen Messer in 6 gleich große Scheiben (ca. 5 cm dick) schneiden. Die Teigschnecken auf das mit Backpapier belegte Backblech stellen und mit einem bemehlten Kochlöffel längs in der Mitte so eindrücken, dass sich die Wicklung etwas nach oben biegt.

Die Teigschnecken abgedeckt 30–60 Minuten an einem warmen Ort gehen lassen, bis sie reif sind. Um zu prüfen, ob der Hefeteig reif genug ist, eine Druckprobe machen. Dafür mit einem Finger leicht hineindrücken. Geht der Teig an dieser Stelle leicht wieder in seine Ursprungsform zurück, ist er reif.

Die reifen Teigschnecken im vorgeheizten Backofen auf mittlerer Schiene bei 210–220 °C (Ober-/Unterhitze) 17–22 Minuten schön goldbraun backen. Die Schnecken aus dem Backofen nehmen und sofort servieren.

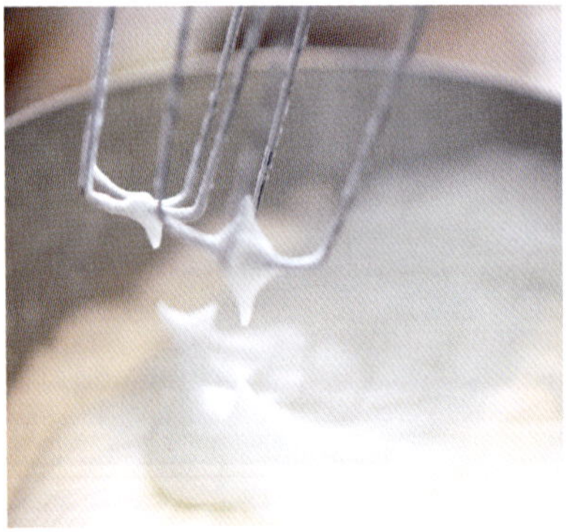

Sommerschnecken

Mohnschnecken

Info	*6 Schnecken*	*1 Backblech*	*15–20 Minuten*	*180–200 °C*

Teig

1 Portion süßer Hefeteig

Füllung

140 ml Milch
20 g Butter
25 g Grieß
60 g gem. Mohn
15 g Zucker
1 Prise Salz

Glasur

¼ Vanilleschote
20 ml Milch
60 g Puderzucker

Für die Füllung Milch und Butter in einem Topf unter Rühren aufkochen lassen. Den Herd ausstellen. Danach Grieß, Mohn, Zucker und Salz zur Milch geben. Mit einem Schneebesen verrühren, bis die Masse dicklich wird. Den Topf von der Herdplatte nehmen und die Masse auskühlen lassen.

Den Hefeteig (siehe Grundanleitung „Süßer Hefeteig", S. 11) auf einer bemehlten Arbeitsfläche zu einem Rechteck (30 x 40 cm) ausrollen. Die Füllung vorsichtig mit einem Schaber oder einer Palette auf dem ausgerollten Teig verstreichen.

Den Teig mit ein wenig Spannung von der kurzen Seite her zu einem dicken Teigstrang aufwickeln. Den Teigstrang mit einem scharfen Messer in 6 ca. 5 cm dicke Scheiben schneiden. Die Teigschnecken auf das mit Backpapier belegte Backblech stellen und mit einem bemehlten Kochlöffel längs so eindrücken, dass sich die Wicklung nach oben wölbt.

Die Teigschnecken abgedeckt 30–60 Minuten an einem warmen Ort gehen lassen, bis sie reif sind. Um zu prüfen, ob der Hefeteig reif genug ist, eine Druckprobe machen. Dafür mit einem Finger leicht hineindrücken. Geht der Teig an dieser Stelle leicht wieder in seine Ursprungsform zurück, ist er reif.

Die reifen Teigschnecken im vorgeheizten Backofen auf mittlerer Schiene bei 180–200 °C (Ober-/Unterhitze) 15–20 Minuten schön goldbraun backen.

Für die Glasur in der Zwischenzeit die Vanilleschote längs einschneiden und das Mark herauskratzen. Milch, Puderzucker und Vanillemark vermischen. Die Schnecken aus dem Backofen nehmen und noch warm mit der Glasur bestreichen. So werden sie noch saftiger und bekommen einen schönen Glanz.

Tipp

Nach Belieben können Sie in die Füllung noch Cranberrys, Mandeln oder verschiedene Nüsse hineingeben.

Streuselschnecken

mit Pudding-Cranberry-Füllung

Info 12 Schnecken ❋ 1 Muffinform (12 Mulden) ❋ 10–15 Minuten ❋ 180–200 °C

Teig

1 Portion süßer Hefeteig

Füllung

½ Vanilleschote

250 ml Milch

30 g Zucker

40 g Stärke (präferiert: Weizen)

100 g Cranberrys

2 Eigelb (Größe M)

Streusel

¼ Vanilleschote

80 g Butter

80 g Zucker

150 g Weizenmehl (Type 550)

Für die Füllung die Vanilleschote längs einschneiden und das Mark herauskratzen. Milch, Zucker, Vanillemark und Stärke in einen Topf geben und unter Rühren aufkochen. Cranberrys klein hacken. Den Topf von der Herdplatte neben, Eigelb und gehackte Cranberrys in die Puddingmasse geben und gut verrühren.

Den Hefeteig (siehe Grundanleitung „Süßer Hefeteig", S. 11) auf einer bemehlten Arbeitsfläche zu einem Rechteck (30 x 40 cm) ausrollen. Die Vanille-Pudding-Masse mit einem Schaber oder einer Palette auf dem ausgerollten Teig verstreichen.

Den Teig mit ein wenig Spannung von der langen Seite her zu einem dünnen Teigstrang aufwickeln. Die Teigrolle mit einem scharfen Messer in 12 gleich große Scheiben schneiden. Die Teigschnecken in die gefetteten Mulden der Muffinform setzen und abgedeckt 30–60 Minuten an einem warmen Ort gehen lassen, bis sie reif sind.

Für die Streusel in der Zwischenzeit die Vanilleschote längs einschneiden und das Mark herauskratzen. Butter mit Zucker und Vanillemark in eine Rührschüssel geben und mit den Schneebesen des Handrührgeräts schaumig rühren. Mehl hinzugeben und mit den Händen unterheben, bis die Masse eine streuselige Konsistenz bekommt.

Um zu prüfen, ob der Hefeteig reif genug ist, eine Druckprobe machen. Dafür mit einem Finger leicht hineindrücken. Geht der Teig an dieser Stelle leicht wieder in seine Ursprungsform zurück, ist er reif. Die Streusel auf den reifen Teigschnecken verteilen.

Die reifen Teigschnecken im vorgeheizten Backofen auf mittlerer Schiene bei 180–200 °C (Ober-/Unterhitze) 10–15 Minuten schön goldbraun backen.

Biskuitschnecken

mit Erdbeercreme und Basilikum

Info | *16 Schnecken* ✻ *1 Backblech* ✻ *2–5 Minuten* ✻ *210–230 °C*

Teig

1 Portion klassischer Biskuit

Füllung

200 g Sahne (mind. 32 % Fett)

100 g Erdbeeren

15 g Basilikum

5 Blatt Gelatine

20 g Zucker

Deko

2 EL gehobelte Mandeln

nach Belieben frische Erdbeeren

Sahne und eine Edelstahlschüssel in den Kühlschrank stellen. Backblech mit Backpapier belegen und die gehobelten Mandeln gleichmäßig darauf verteilen. Biskuitmasse (siehe Grundanleitung „Klassischer Biskuit", S. 12) vorbereiten und gleichmäßig auf dem mit Mandeln bestreuten Backblech verstreichen, sodass eine möglichst glatte Oberfläche entsteht. Den Biskuit im vorgeheizten Backofen auf mittlerer Schiene bei 210–230 °C 2-5 Minuten backen, bis der Teig eine schöne goldgelbe Farbe hat.

Ein Geschirrtuch auf der Arbeitsfläche ausbreiten, den frisch gebackenen Biskuit daraufstürzen und mit dem Backpapier vollständig darauf abkühlen lassen. Anschließend das Backpapier vorsichtig abziehen und den Biskuit wenden, sodass die mit Mandeln bedeckte Seite nach unten zeigt.

Für die Füllung Erdbeeren putzen, abspülen, abtropfen lassen, entstielen und klein schneiden. Basilikum abspülen, trocken tupfen und ebenfalls klein schneiden. Erdbeeren und Basilikum beiseitestellen. Gelatine 2–3 Minuten in kaltem Wasser einweichen, leicht ausdrücken und in eine Metallschüssel geben. Gelatine unter Rühren im heißen Wasserbad auflösen.

Sahne in der gekühlten Edelstahlschüssel mit den Schneebesen des Handrührgeräts steif schlagen. Zucker unter die Sahne rühren. 3–4 Esslöffel der Sahne-Zucker-Masse in die flüssige Gelatine geben und unterrühren. Dadurch gleicht sich die Temperatur der Zutaten an. Restliche Sahne-Zucker-Masse, Erdbeeren und Basilikum zur Gelatine-Sahne-Masse geben und unterheben.

Die Füllung gleichmäßig auf dem Biskuit verstreichen. Den oberen Rand des Biskuits nicht bestreichen, damit die Füllung nach dem Aufrollen nicht herausquillt. Den Biskuit mit ein wenig Spannung von der langen Seite her zu einem dünnen Strang aufwickeln und auf eine Servierplatte setzen. Die Biskuitrolle nach Belieben mit frischen Erdbeeren dekorieren und anschließend 30–60 Minuten im Kühlschrank kalt stellen.

Tipp

Wenn das Basilikum fein gehackt wird, entfaltet es besonders gut sein Aroma.

Schoko-Biskuitschnecken

mit Schokocreme

Info | 16 Schnecken ✻ 1 Backblech ✻ 2–5 Minuten ✻ 210–230 °C

Teig

1 frisch gebackener Schoko-Biskuit

Füllung

200 g Sahne (mind. 30 % Fett)

100 g Kuvertüre

5 Blatt Gelatine

20 g Zucker

Schokomantel

150 g Kuvertüre

50 g Johannisbeergelee

Sahne und eine Edelstahlschüssel im Kühlschrank kalt stellen. Ein Geschirrtuch auf der Arbeitsfläche ausbreiten. Den frisch gebackenen Schoko-Biskuit (siehe Grundanleitung „Schoko-Biskuit", S. 13) daraufstürzen und mit dem Backpapier vollständig darauf auskühlen lassen. Anschließend das Backpapier vorsichtig abziehen.

Für die Füllung Kuvertüre im heißen Wasserbad schmelzen, dabei öfter umrühren. Kuvertüre unter Rühren abkühlen lassen. Gelatine 2–3 Minuten in kaltem Wasser einweichen, anschließend leicht ausdrücken und in eine Metallschüssel geben. Gelatine unter Rühren im heißen Wasserbad auflösen.

Sahne in der gekühlten Edelstahlschüssel mit den Schneebesen des Handrührgeräts steif schlagen. Zucker unter die Sahne rühren. 3–4 Esslöffel der Sahne-Zucker-Masse in die flüssige Gelatine geben und unterrühren. Dadurch gleicht sich die Temperatur der Zutaten an. Anschließend restliche Sahne-Zucker-Masse und abgekühlte, flüssige Kuvertüre zur Gelatine-Sahne-Masse geben und unterrühren.

Für den Schokomantel in der Zwischenzeit Kuvertüre mit einer Reibe fein raspeln und zur Seite stellen.

Die Füllung gleichmäßig auf dem Biskuit verstreichen. Den oberen Rand des Biskuits nicht bestreichen, damit die Füllung nach dem Aufrollen nicht herausquillt. Den Biskuit mit ein wenig Spannung und mithilfe des Geschirrtuchs von der kurzen Seite her zu einem dicken Strang aufwickeln.

Einen Bogen Backpapier gleichmäßig mit der geraspelten Kuvertüre bestreuen und die Biskuitrolle mit Johannisbeergelee bestreichen. Anschließend die bestrichene Biskuitrolle durch die geraspelte Kuvertüre rollen, um einen Schokomantel zu erhalten. Die Biskuitrolle auf eine Servierplatte setzen und 30–60 Minuten im Kühlschrank kalt stellen.

Tipp

Die Biskuitrolle zum Servieren mit Baileys (irischer Cremlikör) beträufeln, damit sie noch etwas saftiger wird. Dann sind die Schnecken allerdings nicht für Kinder und Schwangere geeignet.

Mit Video Tutorial

Burger-Schnecken

Info | *4 Schnecken* ❋ *1 Backblech* ❋ *15–20 Minuten* ❋ *180–200 °C*

Teig

10 g Rosmarin

1 Portion deftiger Hefeteig

Deko

1 Ei (Größe M)

1 EL Chia-Samen

Für den Teig Rosmarin klein hacken und mit den restlichen Zutaten des Hefeteigs (siehe Grundanleitung „Deftiger Hefeteig", S. 10) zu einem Teig verkneten. Den Teig in 4 gleich große Stücke teilen. Jedes Teigstück auf einer wenig bemehlten Arbeitsfläche mit etwas Druck zu gleichmäßigen Strängen ausrollen und jeweils locker in Schneckenform zusammenlegen.

Die Teigschnecken auf das mit Backpapier belegte Backblech legen und abgedeckt 30–60 Minuten an einem warmen Ort gehen lassen, bis sie reif sind. Um zu prüfen, ob der Hefeteig reif genug ist, eine Druckprobe machen. Dafür mit einem Finger leicht hineindrücken. Geht der Teig an dieser Stelle leicht wieder in seine Ursprungsform zurück, ist er reif.

Für die Deko Ei verquirlen und die reifen Teigschnecken damit bestreichen. Anschließend mit Chia-Samen bestreuen und im vorgeheizten Backofen auf mittlerer Schiene bei 180–200 °C (Ober-/Unterhitze) 15–20 Minuten schön goldbraun backen. Die Schnecken aus dem Backofen nehmen und etwas abkühlen lassen.

Die Burger-Schnecken aufschneiden und mit beliebigen Burger-Zutaten belegen, z. B. mit Hackfleisch-Patties, Salat, Tomaten, Käse etc.

Tipp

Der Rosmarin kann durch andere italienische Kräuter ersetzt oder ergänzt werden, statt Chia-Samen schmecken auch Sesamsamen super.

„Gestern vom Kollegen überrascht worden und sie waren so lecker"
Steffi G.

Mit Video Tutorial

Spinat-Roquefort-Schnecken

Info *12 Schnecken ❋ 1 Muffinform (12 Mulden) ❋ 15–20 Minuten ❋ 210–220 °C*

Teig
1 Portion Dinkel-Focaccia-Teig

Füllung
1 kleine Zwiebel
1 Knoblauchzehe
75 g Roquefort-Käse
180 g Blattspinat
75 g Crème fraîche
1 Ei (Größe M)
Salz, Pfeffer

Für die Füllung Zwiebel und Knoblauch abziehen und klein schneiden. Roquefort-Käse zerkleinern. Spinat verlesen, gründlich waschen und abtropfen lassen. Mit Roquefort-Käse, Crème fraîche, Zwiebeln, Knoblauch und Ei in eine Rührschüssel geben und mit einem Pürierstab pürieren. Die Spinat-Käse-Masse mit Salz und Pfeffer würzen.

Den Focaccia-Teig (siehe Grundanleitung „Dinkel-Focaccia-Teig", S. 15) auf einer bemehlten Arbeitsfläche zu einem Rechteck (30 x 40 cm) ausrollen. Die Spinat-Käse-Masse mit einem Schaber oder einer Palette gleichmäßig auf dem ausgerollten Teig verstreichen.

Den Teig mit ein wenig Spannung von der langen Seite her zu einem dünnen Teigstrang aufwickeln und in 12 gleich große Scheiben schneiden. Die Teigschnecken in die gefetteten Mulden der Muffinform setzen und abgedeckt 30–60 Minuten an einem warmen Ort gehen lassen, bis sie reif sind.

Um zu prüfen, ob der Hefeteig reif genug ist, eine Druckprobe machen. Dafür mit einem Finger leicht hineindrücken. Geht der Teig an dieser Stelle leicht wieder in seine Ursprungsform zurück, ist er reif.

Die reifen Teigschnecken im vorgeheizten Backofen auf mittlerer Schiene bei 210–220 °C (Ober-/Unterhitze) 15–20 Minuten schön goldbraun backen. Aus dem Backofen nehmen, mit einem Teigschaber am Stiel aus der Form holen und sofort servieren.

Tipp
Wer den intensiven Geschmack des Roquefort-Käses nicht mag, kann ihn einfach durch eine mildere Sorte ersetzen.

SCHOKO-
SCHNECKE
WEISSE SCHOKO
KIRSCH-
SCHNECKE

Herbstschnecken

Peanutbutter-Jelly-Schnecken

Info *6 Schnecken ✻ 1 Maxi-Muffinform (6 Mulden) ✻ 15–20 Minuten ✻ 180–200 °C*

Teig

1 Portion süßer Hefeteig

Füllung

15 g Zuckerrübensirup

20 g Butter

75 g Zucker

35 g Stärke (präferiert: Weizen)

60 g Erdnusscreme mit Stückchen

Deko

100 g Erdbeermarmelade

Für die Füllung Zuckerrübensirup, Butter, Zucker Stärke und Erdnusscreme in eine Rührschüssel geben, mit den Schneebesen des Handrührgeräts zu einer glatten Masse verrühren und beiseitestellen.

Den Hefeteig (siehe Grundanleitung „Süßer Hefeteig", S. 11) auf einer bemehlten Arbeitsfläche zu einem Rechteck (30 x 40 cm) ausrollen. Die Füllung vorsichtig mit einem Schaber oder einer Palette auf dem ausgerollten Teig verstreichen.

Den Teig mit ein wenig Spannung von der kurzen Seite her zu einem dicken Teigstrang aufwickeln. Den Teigstrang mit einem scharfen Messer in 6 gleich große Scheiben schneiden. Die Teigschnecken in die gefetteten Mulden der Muffinform setzen und abgedeckt 30–60 Minuten an einem warmen Ort gehen lassen, bis sie reif sind.

Um zu prüfen, ob der Hefeteig reif genug ist, eine Druckprobe machen. Dafür mit einem Finger leicht hineindrücken. Geht der Teig an dieser Stelle leicht wieder in seine Ursprungsform zurück, ist er reif.

Die reifen Teigschnecken im vorgeheizten Backofen auf mittlerer Schiene bei 180–200 °C (Ober-/Unterhitze) 15–20 Minuten schön goldbraun backen. Anschließend aus dem Backofen nehmen.

Für die Deko Erdbeermarmelade mit einem Löffel auf die warmen Schnecken geben. Die Schnecken abkühlen lassen und mit einem Teigschaber am Stiel aus der Form holen.

Tipp

Nach Belieben noch halbierte, gesalzene Erdnüsse mit in die Füllung geben oder vor dem Backen auf die Teigschnecken streuen. Das macht die Schnecke zu einem supertollen Knusper-Erlebnis.

Mit Video Tutorial

Hefeschnecken

mit kandierten Mandeln und Kardamom

Info 8 Schnecken ✻ 1 Backblech ✻ 17–22 Minuten ✻ 180–200 °C

Teig

100 g Zucker

10 g gem. Kardamom

40 ml Wasser

200 g gehackte oder gestiftete Mandeln

1 Portion süßer Hefeteig

50 g Hagelzucker

Deko

1 Ei (Größe M)

20 g Hagelzucker

Für den Teig Zucker, Kardamom und Wasser in einen Topf geben und auf mittlerer Hitze einköcheln lassen. Sobald das Wasser verdunstet ist, beginnt der Zucker zu karamellisieren und die Masse wird braun und klebrig. Mandeln unter ständigem Rühren dazugeben. Die Masse auf einem Brett platt ausstreichen und vollständig auskühlen lassen. Zusammenklebende Mandeln nach dem Abkühlen trennen.

Den Hefeteig vorbereiten (siehe Grundanleitung „Süßer Hefeteig", S. 11) und vor dem Reifeprozess Mandelsplitter und Hagelzucker unterkneten. Danach den Hefeteig 4–12 Stunden im Kühlschrank kalt stellen.

Den Teig in 8 gleich große Stücke teilen und jeweils auf einer bemehlten Arbeitsfläche zu Strängen rollen. Die Stränge auf dem mit Backpapier belegten Backblech zu Schnecken formen und abgedeckt 30–60 Minuten an einem warmen Ort gehen lassen, bis sie reif sind.

Um zu prüfen, ob der Hefeteig reif genug ist, eine Druckprobe machen. Dafür mit einem Finger leicht hineindrücken. Geht der Teig an dieser Stelle leicht wieder in seine Ursprungsform zurück, ist er reif.

Das Ei verquirlen, die reifen Teigschnecken damit bestreichen und den Hagelzucker darüberstreuen. Die Teigschnecken im vorgeheizten Backofen auf mittlerer Schiene bei 180–200 °C (Ober-/Unterhitze) 17–22 Minuten schön goldbraun backen. Die Backzeit variiert je nach Größe der Schnecken.

Tipp

Die Mandeln können durch gehackte Walnüsse sowie Haselnüsse ersetzt oder ergänzt werden.

Schokoschnecken

Info 12 Schnecken ✻ 1 Muffinform (12 Mulden) ✻ 10–15 Minuten ✻ 180–200 °C

Teig

1 Portion süßer Hefeteig

Füllung

10 g Zuckerrübensirup

40 g Butter

50 g Zucker

5 g Stärke (präferiert: Weizen)

75 g Zartbitter-Schokolade

Glasur

¼ Vanilleschote

20 ml Milch

60 g Puderzucker

Für die Füllung Zuckerrübensirup, Butter, Zucker und Stärke in eine Rührschüssel geben und mit den Schneebesen des Handrührgeräts zu einer glatten Masse verrühren. Zartbitter-Schokolade mit einem Messer klein hacken und beiseitestellen.

Den Hefeteig (siehe Grundanleitung „Süßer Hefeteig", S. 11) auf einer bemehlten Arbeitsfläche zu einem Rechteck (30 x 40 cm) ausrollen. Die Füllung vorsichtig mit einem Schaber oder einer Palette auf dem ausgerollten Teig verstreichen. Gehackte Schokolade gleichmäßig darauf verteilen.

Den Teig mit ein wenig Spannung von der langen Seite her zu einem dünnen Teigstrang aufwickeln. Die Teigrolle mit einem scharfen Messer in 12 gleich große Scheiben schneiden. Die Teigschnecken in die gefetteten Mulden der Muffinform setzen und abgedeckt 30–60 Minuten an einem warmen Ort gehen lassen, bis sie reif sind.

Um zu prüfen, ob der Hefeteig reif genug ist, eine Druckprobe machen. Dafür mit einem Finger leicht hineindrücken. Geht der Teig an dieser Stelle leicht wieder in seine Ursprungsform zurück, ist er reif.

Die reifen Teigschnecken im vorgeheizten Backofen auf mittlerer Schiene bei 180–200 °C (Ober-/Unterhitze) 10–15 Minuten schön goldbraun backen.

Für die Glasur in der Zwischenzeit die Vanilleschote längs einschneiden und das Mark herauskratzen. Milch, Puderzucker und Vanillemark vermischen. Die Schnecken aus dem Backofen nehmen und noch warm damit bestreichen. So werden sie noch saftiger und bekommen einen schönen Glanz.

Tipp

Für noch schokoladigere Schnecken können Sie nach dem Backen zusätzlich kleine Stückchen Zartbitter-Schokolade auf dem Zuckerguss verteilen.

„Die legendären Schnecken"
Leonadra C.

Nougat-Baileys-Schnecken

Info	16 Schnecken	1 Backblech	2–5 Minuten	210–230 °C

Teig

1 frisch gebackener klassischer Biskuit

Füllung

200 g Sahne (mind. 30 % Fett)

100 g Nougat

5 Blatt Gelatine

20 g Zucker

60 ml Baileys (irischer Cremelikör)

Deko

100 g Kuvertüre

50 g Haselnusskerne

Tipp

Da diese Schnecken Alkohol enthalten, sollten sie nicht von Schwangeren oder Kindern verzehrt werden.

Sahne und eine Edelstahlschüssel im Kühlschrank kalt stellen. Ein Geschirrtuch auf der Arbeitsfläche ausbreiten und gleichmäßig Zucker für die Deko daraufstreuen. Den frisch gebackenen Biskuit (siehe Grundanleitung „Klassischer Biskuit", S. 12) auf das Geschirrtuch stürzen und mit dem Backpapier darauf auskühlen lassen. Anschließend das Backpapier vorsichtig abziehen.

Für die Füllung Nougat im heißen Wasserbad schmelzen, dabei öfter umrühren. Nougat unter Rühren abkühlen lassen. Gelatine 2–3 Minuten in kaltem Wasser einweichen, anschließend leicht ausdrücken und in eine Metallschüssel geben. Gelatine unter Rühren ebenfalls im heißen Wasserbad auflösen.

Sahne in der gekühlten Edelstahlschüssel mit den Schneebesen des Handrührgeräts steif schlagen. Zucker unter die Sahne rühren. 3–4 Esslöffel der Sahne-Zucker-Masse in die flüssige Gelatine geben und unterrühren. Dadurch gleicht sich die Temperatur der Zutaten an. Anschließend restliche Sahne-Zucker-Masse, abgekühltes, flüssiges Nougat und Baileys unter die Gelatine-Zucker-Sahne-Masse rühren.

Die Füllung gleichmäßig auf dem Biskuit verstreichen. Dabei den oberen Rand des Biskuits nicht bestreichen, damit die Füllung nach dem Aufrollen nicht herausquillt. Den Biskuit mit ein wenig Spannung und mithilfe des Geschirrtuchs von der langen Seite her zu einem dünnen Strang aufwickeln. Die Biskuitrolle auf eine Servierplatte setzen und 30–60 Minuten im Kühlschrank kalt stellen.

Die Kuvertüre grob hacken und im Wasserbad schmelzen. Die durchgekühlte Biskuitrolle in 16 Scheiben schneiden, mit der geschmolzenen Kuvertüre besprenkeln und mit den Haselnüssen bestreuen.

Vegane Kürbis-Curry-Schnecken

Info 8 Schnecken ❋ 1 Backblech ❋ 17–22 Minuten ❋ 210–220 °C

Teig

1 Portion Vollkorn-Dinkel-Focaccia-Teig

Füllung

1 kleine Kartoffel

150 g Butternuss-Kürbis-fruchtfleisch

Salz, Pfeffer

½ TL Cumin (gem. Kreuzkümmel)

3–4 EL Olivenöl

½ kleine Zwiebel

50 g Sojajoghurt

Deko

2 EL Kürbiskerne

Für die Füllung Kartoffel schälen. Kürbisfruchtfleisch und Kartoffel in kleine Würfel schneiden und mit Salz, Pfeffer und Cumin würzen. Auf einem Backblech verteilen, mit Olivenöl beträufeln und im vorgeheizten Backofen bei 220 °C (Ober-/Unterhitze) 10–15 Minuten, backen, bis sie gar sind. Aus dem Backofen nehmen und auskühlen lassen.

Zwiebel abziehen, halbieren und in eine Rührschüssel geben. Kartoffeln, Kürbis und Sojajoghurt dazugeben, mit einem Pürierstab pürieren und beiseitestellen.

Den Focaccia-Teig (siehe Grundanleitung „Vollkorn-Dinkel-Focaccia-Teig", S. 15) auf einer bemehlten Arbeitsfläche zu einem Rechteck (30 x 40 cm) ausrollen. Danach die Füllung vorsichtig mit einem Schaber oder einer Palette auf dem ausgerollten Teig verstreichen.

Den Teig mit ein wenig Spannung von der kurzen Seite her zu einem dicken Teigstrang aufwickeln. Die Teigrolle mit einem scharfen Messer in 8 gleich große Scheiben schneiden und die Teigschnecken auf das mit Backpapier belegte Backblech legen. Die Teigschnecken mit Kürbiskernen bestreuen und abgedeckt 30–60 Minuten an einem warmen Ort gehen lassen, bis sie reif sind.

Um zu prüfen, ob der Hefeteig reif genug ist, eine Druckprobe machen. Dafür mit einem Finger leicht hineindrücken. Geht der Teig an dieser Stelle leicht wieder in seine Ursprungsform zurück, ist er reif.

Die reifen Teigschnecken im vorgeheizten Backofen auf mittlerer Schiene bei 210–220 °C (Ober-/Unterhitze) 17–22 Minuten schön goldbraun backen. Die Kürbis-Curry-Schnecken aus dem Backofen nehmen und sofort servieren.

Tipp

Die Schnecken passen im Herbst prima als Beilage zu einer deftigen Suppe oder einem Salat.

Mit Video Tutorial

Schoko-Nuss-Gebäckschnecken

Info | 20 Schnecken ❋ 1 Backblech ❋ 10–15 Minuten ❋ 180–200 °C

Heller Teig

120 g Butter

20 g Zucker

100 g Weizenmehl (Type 550)

Dunkler Teig

115 g Kuvertüre

¼ Vanilleschote

115 g Walnusskerne

40 g Butter

20 g Zucker

100 g Weizenmehl (Type 550)

1 Msp. gem. Zimt

Deko

200 g Walnusskerne

30 g Zucker

100 ml Wasser

Für den hellen Teig Butter mit Zucker in eine Rührschüssel geben und mit den Schneebesen des Handrührgeräts schaumig rühren. Mehl mit der Hand unterkneten, den Teig 20–30 Minuten in den Kühlschrank stellen und durchkühlen lassen.

Für den dunklen Teig in der Zwischenzeit Kuvertüre im heißen Wasserbad schmelzen, dabei öfter umrühren. Vanilleschote längs einschneiden und das Mark herauskratzen. Walnüsse hacken, mit Butter, Zucker, Mehl, Zimt und Vanillemark unter die Kuvertüre heben und die Schokoladenmasse beiseitestellen.

Die Teige auf einer bemehlten Arbeitsfläche zügig jeweils zu einem Rechteck (30 x 20 cm) ausrollen. Den hellen Teig mit etwas Wasser bestreichen, den dunklen Teig darauflegen und mit der Teigrolle andrücken. Den Teig vorsichtig von der langen Seite her zu einem dünnen Teigstrang aufwickeln.

Für die Deko Walnüsse hacken und beiseitestellen. Zucker unter Rühren im Wasser auflösen. Den Teigstrang mit etwas Wasser bepinseln und in den gehackten Wallnüssen rollen. Walnüsse festdrücken und mit dem Zuckerwasser bepinseln. Den Teigstrang 20 Minuten im Kühlschrank kalt stellen.

Den Teigstrang mit einem scharfen Messer in 20 ca. 1,5 cm dicke Scheiben schneiden. Die Teigschnecken mit etwas Abstand zueinander auf das mit Backpapier belegte Backblech setzen. Im vorgeheizten Backofen auf mittlerer Schiene bei 180–200 °C (Ober-/Unterhitze) 10–15 Minuten knusprig braun backen. Die Gebäckschnecken herausnehmen und abkühlen lassen.

Tipp

Bewahren Sie die ausgekühlten Gebäckschnecken in einer Keksdose aus Blech auf. Dann bleiben sie schön frisch.

Winterschnecken

Haselnuss-Schnecken

Info	16 Stücke ❋ 1 Springform (rund, ø 26–28 cm) ❋ 20–25 Minuten ❋ 180–200 °C

Teig

2 Portionen süßer Hefeteig

Füllung

120 g Marzipan-Rohmasse
120 g gem. Haselnüsse
1 Ei (Größe M)
40 g Zucker
5 g Salz
70 g gehackte Haselnüsse

Glasur

¼ Vanilleschote
20 ml Milch
60 g Puderzucker

Deko

20 g gehackte Mandeln

Tipp

Wer eine kleine Springform (ø 20 cm) hat, kann die halbe Menge des Teiges und der Füllung zubereiten und einen kleinen Kuchen aus 7-8 Schnecken backen (siehe Foto).

Für die Füllung Marzipan, gemahlene Haselnüsse, Ei, Zucker und Salz zu einer glatten Masse verkneten und beiseitestellen. Die gehackten Haselnüsse leicht in einer Pfanne ohne Fett goldbraun anrösten und ebenfalls zur Seite stellen.

Den Hefeteig (siehe Grundanleitung „Süßer Hefeteig", S. 11) in 2 gleich große Stücke teilen und beide Teighälften jeweils auf einer bemehlten Arbeitsfläche zu einem Rechteck (30 x 40 cm) ausrollen. Je die Hälfte der Haselnussmasse vorsichtig mit einem Schaber oder einer Palette auf den ausgerollten Rechtecken verstreichen. Die angerösteten Haselnüsse auf der Füllung verteilen.

Die Teigrechtecke jeweils mit ein wenig Spannung zu einem Teigstrang aufwickeln. Die Teigrollen mit einem scharfen Messer in jeweils 8 Scheiben schneiden.

Die Teigschnecken mit den Schnittflächen nach oben in die gefettete Springform legen und abgedeckt 30–60 Minuten an einem warmen Ort gehen lassen, bis sie reif sind.

Um zu prüfen, ob der Hefeteig reif genug ist, eine Druckprobe machen. Dafür mit einem Finger leicht hineindrücken. Geht der Teig an dieser Stelle leicht wieder in seine Ursprungsform zurück, ist er reif.

Die reifen Teigschnecken im vorgeheizten Backofen auf mittlerer Schiene bei 180–200 °C (Ober-/Unterhitze) 20–30 Minuten schön goldbraun backen.

Für die Glasur in der Zwischenzeit die Vanilleschote längs einschneiden und das Mark herauskratzen. Milch, Puderzucker und Vanillemark vermischen. Schneckenkuchen aus dem Backofen nehmen und noch warm mit der Glasur bestreichen. So werden sie noch saftiger und bekommen einen schönen Glanz. Die gehackten Mandeln über den Schneckenkuchen streuen.

Stollen-Schnecken-Kuchen

Info | 16 Stücke ✻ 1 Springform (rund, ø 26–28 cm) ✻ 20–25 Minuten ✻ 180–200 °C

Teig

370 g Weizenmehl (Type 550)
42 g frische Hefe
190 ml Milch
60 g Zucker
100 g Butter
¼ Vanilleschote
7 g Salz

Füllung

150 g Marzipan-Rohmasse
30–40 ml Wasser
60 g gestiftelte Mandeln
100 g getrocknete Datteln
120 g getrocknete Aprikosen
50 ml Rum

Deko

60 g gestiftelte Mandeln
60 g Butter
60 g Puderzucker

Für die Füllung Marzipan mit Wasser in einer Rührschüssel mit den Schneebesen des Handrührgeräts schlagen, bis es cremig und streichfähig ist. Mandeln in einer beschichteten Pfanne ohne Fett anrösten, anschließend auskühlen lassen. Datteln und Aprikosen klein würfeln, mit den Mandeln und Rum in eine Schale geben und alles 4–24 Stunden durchziehen lassen.

In der Zwischenzeit für den Teig das Mehl auf der Arbeitsfläche aufschütten, in die Mitte eine Vertiefung drücken und Hefe, Milch, Zucker, Butter, Vanillemark und Salz hineingeben. Mit der Hand 8–10 Minuten zu einem weichen, homogenen Teig verkneten. An einem warmen Ort abgedeckt 10–15 Minuten gehen lassen.

Den Teig in zwei Hälften teilen und auf einer bemehlten Arbeitsfläche jeweils zu einem Rechteck (30 x 40 cm) ausrollen. Je die Hälfte des weichen Marzipans vorsichtig mit einem Schaber oder einer Palette darauf verstreichen. Die Trockenfrüchte-Mischung auf dem Marzipan verteilen. Den Teig jeweils mit ein wenig Spannung von der langen Seite her zu einem Strang aufwickeln.

Die Teigstränge mit einem scharfen Messer in je 8 gleich große Scheiben schneiden und diese mit der Wicklung nach oben in die gefettete Springform setzen. Die gestifteten Mandeln für die Deko darüberstreuen. Die Teigschnecken im vorgeheizten Backofen auf mittlerer Schiene bei 180–200 °C (Ober-/Unterhitze) 20–25 Minuten goldbraun backen.

In der Zwischenzeit Butter in einem Topf zerlassen. Schneckenkuchen aus dem Backofen nehmen, mit der flüssigen Butter bestreichen und abkühlen lassen. Auf einen großen Teller setzen und mit Puderzucker bestreuen.

„Prompt getestet! SEHR LECKER!"
Alexandra B.

Silvesterschnecken

mit Champagner-Creme

Info	10 Schnecken	1 Backblech	2–5 Minuten	210–230 °C

Teig
1 frisch gebackener klassischer Biskuit

Füllung
200 g Sahne (mind. 30 % Fett)

8 Blatt Gelatine

150 ml Champagner

20 g Zucker

Deko
40 g Aprikosengelee

40 g Hagelzucker

Tipp

Die Schnecken können Sie gut als Nachtisch im Silvestermenü oder als Geburtstagskuchen servieren. Da die Schnecken Alkohol enthalten, sollten sie nicht von Schwangeren oder Kindern verzehrt werden.

Sahne und eine Edelstahlschüssel im Kühlschrank kalt stellen. Ein Geschirrtuch auf der Arbeitsfläche ausbreiten, den frisch gebackenen Biskuit (siehe Grundanleitung „Klassischer Biskuit", S. 12) auf das Geschirrtuch stürzen und mit dem Backpapier darauf auskühlen lassen. Anschließend das Backpapier vorsichtig abziehen.

Für die Füllung Gelatine 2–3 Minuten in kaltem Wasser einweichen, anschließend leicht ausdrücken und in eine Metallschüssel geben. Gelatine unter Rühren im heißen Wasserbad auflösen. Champagner einrühren. Dabei darf der Champagner nicht gekühlt und die Gelatine nicht heiß sein, da ein zu großer Temperaturunterschied zum Verklumpen der Gelatine führt. Anschließend Sahne in der gekühlten Edelstahlschüssel mit den Schneebesen des Handrührgeräts steif schlagen. Zucker unter die Sahne rühren, Champagner-Gelatine-Masse dazugeben und verrühren. Die fertige Füllung 5–10 Minuten anziehen lassen, sodass sie streichfähig, aber noch nicht zu fest ist.

Die Füllung gleichmäßig auf dem Biskuit verstreichen. Den oberen Rand des Biskuits nicht bestreichen, damit die Füllung nach dem Aufrollen nicht herausquillt. Den Biskuit mit ein wenig Spannung und mithilfe des Geschirrtuchs von der kurzen Seite her zu einem dicken Strang aufwickeln.

Für die Deko Aprikosengelee in einem Topf erwärmen, bis es weich wird. Die Biskuitrolle damit bestreichen. Hagelzucker auf einem Bogen Backpapier verteilen und die Biskuitrolle darin wälzen, bis sie rundherum mit Hagelzucker bedeckt ist. Die Biskuitrolle auf eine Servierplatte setzen und 30–60 Minuten im Kühlschrank kalt stellen.

Proviant
Berlin
Rhabarberlimonade

Käseschnecken „Quattro Formaggi“

Info	8 Schnecken	1 Backblech	17–22 Minuten	210–220 °C

Teig

1 Portion Dinkel-Focaccia-Teig

Füllung

60 g Gouda (im Stück)
60 g Edamer (im Stück)
40 g Gorgonzola
60 g Mozzarella
120 g Crème fraîche
1 Msp. Paprikapulver rosenscharf
1 Msp. Muskatnuss
Salz, Pfeffer

Für die Füllung Gouda und Edamer reiben, Gorgonzola und Mozzarella würfeln und in eine Rührschüssel geben. Nach Belieben etwas Käse zum Bestreuen beiseitestellen. Crème fraîche unter den Käse rühren und die Masse mit den Gewürzen abschmecken.

Den Focaccia-Teig (siehe Grundanleitung „Dinkel-Focaccia-Teig“, S. 15) auf einer bemehlten Arbeitsfläche zu einem Rechteck (30 x 40 cm) ausrollen. Die Käsemasse vorsichtig mit einem Schaber oder einer Palette auf dem Teig verstreichen.

Den Teig mit ein wenig Spannung von der kurzen Seite her zu einem dicken Teigstrang aufwickeln und mit einem scharfen Messer in 8 gleich große Scheiben schneiden. Die Teigschnecken auf das mit Backpapier belegte Backblech legen und nach Belieben mit dem beiseitegestellten Käse bestreuen. Abgedeckt 30–60 Minuten an einem warmen Ort gehen lassen, bis sie reif sind.

Um zu prüfen, ob der Teig reif genug ist, eine Druckprobe machen. Dafür mit einem Finger leicht hineindrücken. Geht der Teig an dieser Stelle leicht wieder in seine Ursprungsform zurück, ist er reif.

Die reifen Teigschnecken im vorgeheizten Backofen auf mittlerer Schiene bei 210–220 °C (Ober-/Unterhitze) 17–22 Minuten schön goldbraun backen. Die Käseschnecken aus dem Backofen nehmen und sofort servieren.

Tipp

Die Käseschnecken schmecken noch herzhafter, wenn Sie Speck, Schinken oder Röstzwiebeln mit in die Füllung geben.

Sandgebäck-Schnecken

Schwarz-Weiß

Info | *10 Schnecken* ❄ *1 Backblech* ❄ *10–14 Minuten* ❄ *180–200 °C*

Heller Teig

70 g Puderzucker

125 g Butter

¼ Vanilleschote

125 g Weizenmehl (Type 550)

30 g Stärke (präferiert: Weizen)

Dunkler Teig

70 g Puderzucker

125 g Butter

¼ Vanilleschote

125 g Weizenmehl (Type 550)

30 g Stärke (präferiert: Weizen)

5 ml Rum

20 g Kakao

Tipp

Diese Schnecken enthalten Alkohol und sollten deswegen nicht von Schwangeren oder Kindern verzehrt werden. Wenn Sie sie ohne Alkohol zubereiten möchten, ersetzen Sie den Rum durch Rumaroma.

Für den hellen Teig Puderzucker und Butter in eine Rührschüssel geben und mit den Schneebesen des Handrührgeräts schaumig rühren. Vanilleschote längs einschneiden und das Mark herauskratzen. Mehl, Stärke und Vanillemark dazugeben und mit der Hand zu einem homogenen Teig verkneten. Den Teig abgedeckt 20–30 Minuten im Kühlschrank kalt stellen.

Für den dunklen Teig Puderzucker und Butter in eine zweite Rührschüssel geben und mit den Schneebesen des Handrührgeräts schaumig rühren. Vanilleschote längs einschneiden und das Mark herauskratzen. Mehl, Stärke, Vanillemark, Rum und Kakao dazugeben und mit der Hand zu einem Teig verkneten. Den Teig abgedeckt 20–30 Minuten im Kühlschrank kalt stellen.

Beide gut durchgekühlten Teige zu gleich großen Rechtecken (30 x 20 cm) ausrollen. Die Oberseite des hellen Teigs mit etwas Wasser bestreichen und den dunklen Teig darauflegen. Mit der Teigrolle andrücken. Beide Teige zusammen vorsichtig von der kurzen Seite her zu einem dicken Teigstrang aufwickeln.

Die Teigrolle mit einem scharfen Messer in 10 ca. 2 cm dicke Scheiben schneiden. Die Teigschnecken auf das mit Backpapier belegte Backblech legen und im vorgeheizten Backofen auf mittlerer Schiene bei 180–200 °C (Ober-/Unterhitze) 10–14 Minuten backen.

Schneckenplätzchen

mit Schoko und Erdnuss

Info | *16 Schnecken* ❋ *1 Backblech* ❋ *10–15 Minuten* ❋ *180–200 °C*

Teig

¼ Vanilleschote

75 g Butter

75 g Puderzucker

1 Ei (Größe M)

100 g Erdnusscreme mit Stückchen

170 g Weizenmehl (Type 550)

1 Msp. Backpulver

60 g Stärke (präferiert Weizen)

25 g Kakaopulver

Deko

200 g Erdnüsse

50 ml Wasser

50 g Zucker

Tipp

In Kekstütchen gefüllt und mit einer Schleife versehen, eignen sich die Kekse bestens als kleine Mitbringsel für die Weihnachtstage.

Für den Teig die Vanilleschote längs einschneiden und das Mark herauskratzen. Butter, Puderzucker, Vanillemark und Ei in eine Rührschüssel geben und mit den Schneebesen des Handrührgeräts schaumig rühren. Erdnusscreme unterrühren. Mehl mit Backpulver und Stärke vermischen, dazugeben und mit der Hand unterkneten. Den Teig in 2 Hälften teilen. Eine Teighälfte in eine zweite Rührschüssel geben und Kakao unterkneten.

Beide Teige jeweils auf einer bemehlten Arbeitsfläche zu einem Rechteck (30 x 20 cm) ausrollen. Die Teigplatten aufeinanderlegen und noch einmal mit der Teigrolle darüberrollen. Den Teig vorsichtig von der langen Seite her zu einem dünnen Teigstrang aufrollen und 10–15 Minuten kalt stellen.

Die gekühlte Teigrolle in 16 ca. 1,5 cm dicke Scheiben schneiden. Die Teigschnecken mit etwas Abstand zueinander auf das mit Backpapier belegte Backblech legen. Sie verlaufen etwas beim Backen. Anschließend die Erdnüsse auf den Schnecken verteilen und leicht andrücken. Wasser mit Zucker vermischen und die Keksoberfläche damit bestreichen.

Die Schneckenplätzchen im vorgeheizten Backofen auf mittlerer Schiene bei 180–200 °C (Ober-/Unterhitze) 10–15 Minuten backen. Die Schnecken noch etwas weich aus dem Backofen nehmen. Sie härten beim Erkalten etwas aus.

„Meine # 1"
Geertje R.

Eine neue Tradition

Zeit für Brot hat sich zum Ziel gesetzt, eine neue Brottradition zu begründen und Brotkultur nicht nur wiederzubeleben, sondern innovativ und zeitgemäß neu zu gestalten. **Zeit für Brot** ist ein Bäckereikonzept, das Brotkultur und Zeitgeist wieder vereinen will. Um unseren Kunden diese neue Tradition näherzubringen, beruht unser Konzept auf drei Säulen: Qualität, Nachhaltigkeit und Nähe.

QUALITÄT

Wir möchten unsere Kunden mit dem besten Brot der Stadt versorgen. Und unsere Kunden bestätigen täglich den Erfolg unserer Mission. Dafür sind zwei Faktoren maßgeblich: Zum einen bringen wir die notwendige Expertise und Sorgfalt mit, um Brot auf herausragendem Niveau herzustellen. Gutes Brot ist Handwerkskunst und braucht Zeit. Zum anderen verwenden wir nur die besten Zutaten aus 100 Prozent biologischem Anbau und verzichten auf jegliche Zusatzstoffe. Qualität ist unser wichtigstes Credo, Bio-Zutaten die Voraussetzung dafür.

NACHHALTIGKEIT

Wir produzieren klimaneutral mit Ökostrom, nutzen die Abwärme des Ofens zur Warmwassergewinnung, und unsere Zutaten stammen aus ökologisch nachhaltiger Landwirtschaft. Zusätzlich bevorzugen wir immer Lieferanten aus der Region. Und weil wir im Herzen von Frankfurt backen und verkaufen, beträgt der Weg von der Produktion zum Verkauf umweltfreundliche fünf Meter. Nicht-Bio-Produkte führen wir nicht.

NÄHE

Unsere Kunden können bei uns Brotkultur nicht nur schmecken, sie können sie sehen, hören, riechen und anfassen. Unsere Bäckerei ist transparent, und wer möchte, kann dem Bäckermeister bei seiner Arbeit über die Schulter schauen. Schließlich macht der Mensch den Unterschied zwischen Brotkultur und Massenproduktion aus. Das spiegelt sich auch in der Inneneinrichtung unseres Ladens wieder. Bei uns können sich Menschen zusammenfinden, sich austauschen und das genießen, was in der Vergangenheit abhanden gekommen ist: Ein bisschen Zeit für Brot.

GESCHICHTE

Gegründet 2009 in Frankfurt, wachsen wir seitdem stetig weiter und wurden bereits mit zahlreichen Auszeichnungen prämiert. So ehrte uns die Stadt Frankfurt mit dem Frankfurter Gründerpreis 2010. 2012 erhielten wir den Marktkieker, den Preis für die innovativsten Bäckereien in Deutschland. 2014 gehörten wir laut ZDF zu den 72 besten Bäckereien Deutschlands. Seit 2012 gibt es unser Schwester-Unternehmen ***Zeit für Brot*** Berlin und seit 2015 sind wir auch in Köln und Hamburg vertreten. Die inhabergeführten Läden leben dieselbe Philosophie und fertigen die Produkte jeden Tag frisch vor Ort. Durch die individuelle Gestaltung der einzelnen Standorte drücken die Inhaber ihre Persönlichkeit aus, die jeden ***Zeit für Brot***-Standort einzigartig macht.

PRODUKTE

Handwerksqualität, überlieferte Rezepte und „Slow-Baking" sorgen für intensive Aromabildung und ausgeprägten Geschmack bei unseren Produkten. Dazu gehören beispielsweise herzhafte Roggenbrot-Laibe, sorgfältig gereifte Brötchen, rustikale Baguettes und Pain Artisan in Langzeitführung, Zimtschnecken, die man sonst nur aus den USA kennt, Vollkornbrot, Kuchen, frisch von Hand hergestellt, saftige Schokobrötchen und Rosinenknoten, mit hochwertigen Bio-Zutaten belegte Stullen, Snacks und auffallend gute Kaffeespezialitäten.

Sascha Hänsel, Isabell Jäger, Björn Schwind
(Foto von links nach rechts)

www.zeitfuerbrot.com

Register

Buchtipps

TOPP 4641
ISBN 978-3-7724-4641-2

TOPP 7294
ISBN 978-3-7724-7294-7

TOPP 25075
ISBN 978-3-7358-5075-1

TOPP 25107
ISBN 978-3-7358-5107-9

TOPP 25198
ISBN 978-3-7358-5198-7

TOPP 8072
ISBN 978-3-7724-8072-0

TOPP 25175
ISBN 978-3-7358-5175-8

TOPP 25174
ISBN 978-3-7358-5174-1

TOPP 25222
ISBN 978-3-7358-5222-9

Weitere Ideen zum Selbermachen gesucht?

Lieblingsstücke von einfach bis einfach genial finden Sie bei TOPP! Lassen Sie sich auf unserer Verlagswebsite, per Newsletter oder in den sozialen Netzwerken von unserer Vielfalt inspirieren!

Website

Verlockend: Welcher Kreativratgeber soll es für Sie sein? Schauen Sie doch auf **www.TOPP-kreativ.de** vorbei & stöbern Sie durch die neusten Hits der Saison!

TOPP-Autoren

Sie wollen wissen, wer die „Macher" unserer Bücher sind? Wer Ihnen nützliche Tipps & Tricks gibt? Auf **www.TOPP-kreativ.de/Autor** warten jede Menge spannender Infos zum jeweiligen Autor auf Sie. Finden Sie heraus, welches Gesicht hinter Ihrem Lieblingsbuch steckt!

Facebook

Werden Sie Teil unserer Community & erhalten Sie brandaktuelle Informationen rund ums Handarbeiten auf **www.Facebook.com/Mitstrickzentrale** Wer sich für Basteln, Bauen, Verzieren & Dekorieren interessiert, ist auf **www.Facebook.com/Bastelzentrale** genau richtig!

Pinterest

Sie sind auf der Jagd nach den neusten Trends? Sie suchen die besten Kniffe? Die schönsten DIY-Ideen? All' das & noch vieles mehr gibt es von TOPP auf **www.Pinterest.com/Frechverlag**

Newsletter

Bunt, fröhlich & überraschend: Das ist der TOPP-Newsletter! Melden Sie sich unter: **www.TOPP-kreativ.de/Newsletter** an & wir halten Sie regelmäßig mit Tipps & Inspirationen über Ihr Lieblingshobby auf dem Laufenden!

Extras zum Download in der Digitalen Bibliothek

Viele unserer Bücher enthalten digitale Extras: Tutorial-Videos, Vorlagen zum Downloaden, Printables & vieles mehr. Dieses Buch auch? Dann schauen Sie im Impressum des Buches nach. Sofern ein Freischaltcode dort abgebildet ist, geben Sie diesen unter **www.TOPP-kreativ.de/DigiBib** ein. Nach erfolgreicher Registrierung erhalten Sie Zugang zur digitalen Bibliothek & können sofort loslegen.

YouTube

Sie wollen eine ganz neue Technik ausprobieren? Sie arbeiten an einem spannenden Projekt, aber wissen nicht weiter? Unsere Tutorials, Werbetrailer, Interviews & Making Of's auf **www.YouTube.com/Frechverlag** helfen Ihnen garantiert dabei, den passenden Ratgeber von TOPP zu finden.

Instagram

Sie sind auf Instagram unterwegs? Super, TOPP auch. Folgen Sie uns! Sie finden uns auf **www.Instagram.com/Frechverlag** Möchten Sie uns an Ihrem Lieblingsprojekt teilhaben lassen? Am besten posten Sie gleich ein Foto mit dem Hashtag **#frechverlag** & wir stellen Ihr Werk gerne unserer Community vor – yeah!

Alles in einer Hand gibt's hier:

Kreativ-Bücher finden Sie auf www.TOPP-kreativ.de

Der Freischaltcode für die Videos lautet: 17306

Impressum

FOTOS: frechverlag GmbH, 70499 Stuttgart; lichtpunkt, Michael Ruder, Stuttgart
ILLUSTRATIONEN: Josy Jones, Wörth/Rhein
TEXT: Isabell Jäger, Zeit für Brot, Frankfurt/Main
REZEPTE: Sascha Hänsel und Björn Schwind, Zeit für Brot, Frankfurt/Main
PRODUKTMANAGEMENT: Katrin Akyol
LEKTORAT: Susanne Noll, Hennef
GESTALTUNG UND SATZ: Nakischa Scheibe
DRUCK UND BINDUNG: BALTO print, Litauen

MIX
Papier aus verantwortungsvollen Quellen
FSC® C107574

Penguin Random House Verlagsgruppe
FSC® N001967

Aktualisierte Neuauflage 2024 von TOPP 8036, „Heute ist Schneckentag"

1. Auflage 2024

ISBN: 978-3-7358-5315-8 Best.-Nr. 25315